Isabel Álvarez Fernández

LÍMITES

Platero
COOLBOOKS

Título: Límites.
Primera edición: marzo, 2024
© 2024, del texto Isabel Álvarez Fernández.
© 2024, de la edición, maquetación y diseño Platero CoolBooks.
© Platero Editorial S.L.
Glorieta Fernando Quiñones s/n.
Edif. Centris, planta 2, módulo 10. 41940 Tomares (Sevilla)
info@plateroeditorial.es
www.plateroeditorial.es
Diseño de cubierta: Platero Coolbooks.

Printed in Spain-Impreso en España
ISBN: 978-84-10062-05-4

A Isra, a Nuria y a Dul, por cuidar de mis alas cuando las tenía rotas y ayudarme a aprender a volar de nuevo...
A Lluna y Arán, porque me ancláis a la vida.
A Laura, por el acierto y el sentimiento de sus palabras.
A mi padre y a mi tía por sostenerme, a mi madre por enseñarme a sobrevivir.

Índice

Prólogo

Límites es una de esas palabras que encierran significados profundamente ambiguos y hasta un poco desconcertantes. En nuestra sociedad, en la que tanto se valoran la ambición y el crecimiento desmesurado, se nos insta muchas veces a no poner límites a nuestros sueños, y se nos promete con frecuencia diversión «sin límites». Sin embargo, poner límites en nuestras relaciones con las demás personas es, como ahora sabemos, la única forma de salvarnos de un naufragio cuando llega una marejada tóxica. Los límites puede que nos achiquen por un lado, pero por el otro protegen lo que hay dentro. En este poemario, Isabel nos habla de las cosas de dentro, de una sensibilidad asediada por el miedo y las dudas que desde su soledad busca al otro, sabiendo que, para llevar a cabo este encuentro, en un mundo patriarcal y tan hostil, a veces hay que atravesar un campo de minas. Sabiendo, además, que los sentimientos muchas veces se vuelven contra una, y amenazan con desdibujar nuestro contorno, y aun así son lo que nos salva de sentirnos muertas.

Desde los versos de este libro nos autoexaminamos como seres sintientes que quieren creer que existe la esperanza de un amor pleno y responsable de la mano de una voz poética valiente que no se esconde en el cinismo ni cae en la desesperación. Porque si la vida puede ser, como decía antes, un campo de minas, en su poesía también encontramos trincheras y refugios donde resistir: la propia poesía, la escritura y la lectura, la sororidad, una genealogía de lucha y dignidad, y el mar que nos arropa, sea Mediterráneo o Atlántico. Y aunque abunda en estas palabras el léxico del campo de la guerra, no se usa con frivolidad, pues también hay en estos versos un recuerdo solidario para los territorios donde por desgracia la lucha y las heridas son absolutamente literales (¡Palestina!). Que disfrutéis de este poemario que quiere ser ventana y espejo para mirar y mirarnos.

Laura Marcos Domínguez,
Escritora

DUDAS

Dudas. Miedo. Ansiedad.
Tres palabras que se repiten como un mantra,
acolchando mi vida, dejándome desnuda.

Dudas por no entender mi cuerpo,
esquema patriarcal de las mentiras
sobre ideales de belleza y arquetipos.

Miedo a perderme en esta soledad tan mía
que tanto me asusta y me fustiga,
pero en cuyo abrazo me enloquezco.

Ansiedad de ser quien soy con tanta duda
de vivir como vivo en tantos miedos,
ansiedad que se esconde en mis pupilas.

Dudas. Miedo. Ansiedad.
Tres palabras que me atan a los sueños
de conseguir la libertad a cualquier precio...

justo en el lugar donde acaban tus caderas.

EN GUERRA

No sé cuándo voy a dejar de quererte
con esta extraña entereza mía.
Necesito soltarte,
necesito sacudirme de ti.

Me invaden la impaciencia y el miedo,
como quien invade Irak a media tarde.
Me invaden las lágrimas que no puedo llorarte.
La impaciencia reclama la amnistía
de cada una de tus miradas,
el miedo se esconde cerca de mis pupilas.

Me declaro en guerra contra mis sentimientos
que, rebeldes, han construido una trinchera
donde pasar las noches insomnes.

A corazón abierto intento ser como el aire
y pasar de puntillas por cada latido
para que no te toque mi sangre efervescente.

Me autoinculpo:
no sé cuándo voy a dejar de quererte.

MIRADAS

La esperanza siempre llegó del mar,
envuelta en sus alas de espuma.
Un horizonte eterno y difuso,
fina línea trazada con mano temblorosa.
Intento alcanzarla a través de la escollera
y se pierde en la distancia,
soledad silbándome al oído,
rugiendo un océano suspiro.

La esperanza siempre llegó del mar,
mojada y salina,
infinitud ralentizada por el viento efervescente
a través de las olas.
Intento alcanzarla y se me llenan de sonrisas
el alma y la mirada,
recojo sus cálidos reflejos y me las pongo...

la esperanza siempre llegó del mar, del mar de mis ojos.

Sonrisas de la fluidez de la luna en mis párpados,
temores semiabiertos de una memoria enredada.
Se encierra la esperanza en vano en la cloaca
de unos versos desnudos hambrientos de manos...
y abrazos.
Estoy en el andén.

JIRONES

Asaltada e invadida por las dudas,
me corroe el invierno con su escasez de abrazos.

Neruda (y otras) meriendan mis noches,
hipnotizada, entre tanto, quedo en el recuerdo
de algunas despedidas...

Me gustas.

Suena esperpéntico y cobarde
escribirlo, así, en un papel en blanco;
suena a tristeza
a tiza
a cristal roto.

Suena a lentitud.

No tengo ninguna prisa
por confesarte mi alma
mientras pueda desnudarla en tu presencia.
No tengo ninguna prisa.

Me gustas,
        me basta.

PARALELOS

Me extraño en el paralelo de la voz,
en el verso suave hilando cordura.

Me desgarro a versos, y algunas veces me sonrío
entre hambrientas tempestades de palabras.

Soy tan pequeña que vivo arrinconada
en la cuerda vocal de la poesía misma.
Desde allí mi deslizo y agiganto
atravieso muros traspaso colinas
me encadeno al viento.

Me extraño en la comisura de la voz,
en el verso escrito con sangre.

Me escondo en los versos, y algunas veces salgo
a pasear la cobardía que arrastran mis palabras.

Valiente destino el de mi poema triste
que vive enamorado y palpita conmigo.
Sólo alguna vez lo he visto soñando
condenando guerras visitando refugios
reventando al fuego.

Me extraño en el paralelo de mi voz,
palpitando tempestades escritas con sangre,
barriendo cobardías miedos delirios atrocidades.

Me extraño en la comisura de mi voz,
encadenada al viento...

LUCÍA

A Julio Cortázar.

Julio Cortázar, ese hombre,
de facciones duras y verso suave,
el mismo que me condenó a la locura
de las palabras y de los abismos.

Julio leyendo a Poe para mí junto a la cama,
mientras cebo el mate y le sonrío.
Flanelle nos observa,
acurrucada en el marco de la ventana,
jugando con el humo del Gauloises.

Sueños.
A veces lo imagino como un Horacio cualquiera,
bohemio y difuso,
pero siempre ha sido Lucía.
Esa mirada perdida,
con los recuerdos bailándole alrededor
y un silbato para llamar al tiempo que se escapa.

Julio Cortázar, el hombre musical
que te recorre la espalda con la voz.
Él fue antes que el *jazz*,
fue antes que Magritte,
antes incluso que Dios, si es que existe,
o que Daniel Defoe.

Julio tal vez, tal vez finales de agosto,
siempre París y Buenos Aires,
alguna vez eclipse del río Miño,
pero nunca silencio.

Julio, ese hombre junto a la cama,
mientras cebo el mate y le sonrío,
amándole,
con violenta prescindencia del mañana.

SÁHARA

Sáhara siempre en el corazón, lila como sus mujeres de arena.

Duende de sangre roja y libre
como las arenas de un desierto en corazón,
sueño de infancia y sonrisas
que juegan a mirarse de frente,
destino de gentes que hablan diferente lengua
pero un mismo idioma.

QUIZÁ

Es estúpido pensar que quizá,
que tal vez;
y, sin embargo, puede.

Reducir el estar a este vendaval de ánimas
que no me dejan dormir ni con la luz prendida.

Reducirme al tú, y seguir siendo yo,
en este sinfín de porqués y de cuándos.

Reducir a miel miradas y susurros
de tintas sin papel, ni medias lunas.

Mándame un tal vez,
un quizá,
y puede que te recuerde para siempre.

MANDARINAS

Amor es forjar nuevas perspectivas:
el olor a mandarinas en mis dedos al caer el invierno,
o el dulce sabor de las cerezas cuando se acerca el verano.

Una sonrisa que me desnuda de golpe,
despojándome de primavera y anidando en mis otoños.
Esa mirada curiosa
avivada por el descarado desparpajo de los pájaros que cantan
[mi mañana.

Tiemblo, río, sacudo emociones,
observo cualquier cosa que no sea tu rostro
para no volver a sentir que estoy fuera del mundo.

No llegar a ti, no rozarte siquiera,
ni a pensarte me atrevo,
apago mis pulsiones, me ralentizo y me agoto.

Pero yo quiero amar desde el placer de saberme entera y
[disfrutar
del olor a mandarinas en mis dedos al caer el invierno,
o del dulce sabor de las cerezas cuando se acerca el verano.

MEDITERRÁNEO

Alguien podrá decir que fue el Mediterráneo,
ese rincón escaso de penumbras,
luz de ocres y rojos con textura de arcilla.

Paisaje alejado de los atardeceres,
repleto de soles que refrescan el calor del otoño,
verano eterno que se eleva en la piel
encogiéndose en los hombros de las campesinas.

De lluvia a lluvia mi corazón se agita
y apareces como el ábrego aire de las castañas
en esta tierra donde el viento hace sonar las dolçainas.

Quien antes fuera un ser horadado por la desconfianza
hoy sale a la superficie para romper el silencio,
así me descubro Nauia en un mar sin olas,
desnuda, como una especie invasora.

Tal vez fuera el Mediterráneo, cuna de grandes civilizaciones,
quien me devolvió la sonrisa de Koré en primavera
para poder silbar pequeñas melodías de amor futuro.

Perséfone y Nauia, dos caras de esta mujer de arena,
que se muestra ante ti con las manos vacías
para sembrar una nueva armonía de sueños antiguos;
sueños del Mediterráneo, porque siempre fue el Mediterráneo...

RINCONES

Me gusta mi ciudad, esta ciudad,
no para vivir en ella,
sino para disfrutarte en sus rincones;
descubrirla a través de tu mirada
y sorprenderme en tus labios.

Me gusta esta ciudad en la que no has estado,
porque en cada una de sus calles
te imagino sonriéndome y besándome;
la cruzo de puntillas, bailando,
queriéndote así de despacito.

Me gusta esta ciudad porque no estás en ella
y puedo fingir que la cruzas conmigo,
enseñándome lugares comunes
en los que ya ni me fijo.
Tu ausencia en esta eterna soledad mía.

Me gusta esta ciudad y me gustas tú:
tu hermosa sonrisa reflejada en esos ojos
en los que perderse en tan fácil,
tus manos inquietas y firmes, de caricias
perennes, de música y de tierra.

Me gusta esta ciudad y tengo miedo
de que la luna no sepa iluminarme,
de no saber contarte este cuento
en el que estás siempre presente...
mi rincón soñado.

INCOMPLETA

La soledad me devuelve a aquellas noches de insomnio,
lugares comunes del océano que llevo atado a la piel.
Voy reinventándome desde el minuto cero,
en estos atardeceres de luces ardientes y otoñales,
este Mediterráneo que huele a manos de arcilla
y versos desdibujados en la mirada de algún duende.

Siempre vuelvo a esta ciudad en la que nunca estás.
Te busco en cada una de sus piedras, en el sonido
de la sonrisa perdida de todas las personas que encuentro,
en la brisa del mar que rocía de belleza los amaneceres.
Este país al que nunca quise amar y ahora me desvela
con cada uno de sus rincones de música y madera.

Es el humo incierto de las caricias en invierno
que no terminan en las arrugas de los labios,
este mar en calma en el que me ahogo cada día
para resucitar llena de escalofríos y emociones.
Es el Mediterráneo, es este país de sueños y alegrías,
son los caracoles que quieren vivir entre las yemas de mis
                                                    [dedos.

POETA

Quisiera ser poeta y bailarte
con el agua de mis palabras,
perderle el miedo a tu sonrisa
y esconderme en tus pupilas.

Quisiera ser tarde de lluvia
en este invierno de añoranza,
hablarte del mar, besar tus manos
de vida, tierra y ternura.

Quisiera ser poeta y locura,
un vendaval en mitad de la primavera,
despertarte con la caricia de mi voz
cuando empieza a caer el sol.

Quisiera ser tarde de otoño,
el sueño de tus noches de verano,
alborotar tu pelo con mis dedos
y dejarme caer en tu alegría.

Quisiera ser poeta, lluvia y locura,
susurrarte palabritas sin sentido
sólo para escuchar tu risa
y perderme en ella para siempre...

GLORIA

A Gloria Fuertes.

No leo a Gloria Fuertes,
es ella quien me lee a mí;
yo me voy dando de bruces
contra cada uno de sus versos.

Por ejemplo: en este invierno,
un domingo cualquiera,
en el que he decidido olvidarte
en el rincón más cobarde,
hasta el humo de los cigarros
me gritaba tu nombre.

Lo he intentado, de veras,
alguna vez, incluso, pero no,
¿a quién quiero engañar?

Te colaste tan despacio
que darme cuenta fue
nada más que un instante,
un latido y ahí estabas,
mirándome atónito
desde cada uno de sus versos.

Pero no es Gloria, soy yo,
¡suena tan a frase común!,
soy yo a quien le vence
la cordura o la razón.
No sé, amor, no sé amar
sin el miedo a ras de piel.

Lo he intentado, de veras,
y sigo intentándolo,
mi corazón es mi última trinchera.

POESÍA

Escribir el día de la poesía no es tarea fácil,
sobre todo cuando cae la noche
y me quedo sola en mi rincón de humo.

El mundo avanza sin mí en este momento,
yo me quedo en pedazos sin remedio,
dispuesta a romper el silencio con un grito ahogado.

¿No es acaso locura esto que siento?
O tal vez es la música que nace en mis entrañas,
cortando la respiración y creciendo en el universo.

Soy un pedazo de mí misma, me rompo
en esta sensación de extrañeza que me asalta.
¿Por qué has llegado a mi vida si no te buscaba?

Necesito salir de aquí, volar hacia otros paraísos,
bucear en otros ojos y soñar con otros labios
que no sean esos que me hablan desde la indiferencia.

Que me busquen en un paraje inhóspito,
donde sólo la poesía me acune y me cuide.
Escribir el día de la poesía no es tarea fácil.

LOS PÁJAROS

Para mi eterna Dul.

No sé si llorar (de belleza) o reír (de amor),
en cada una de las palabras se esconde el mundo
y yo me lo imagino lleno de emociones.

Nunca me he enamorado de una mujer
porque nadie puede parecerse a ti,
porque tu magia es indescifrable e imperfecta
y en tus abrazos se desbordan la música y el tiempo.

Hemos crecido y volado juntas, en la distancia,
como dos hermanas que nacieron tarde.
Si me miro al espejo veo tu rostro sonriéndome,
enviándome luz de infinitos colores.

Me gusta que ya no te calles,
que entiendas el amor como un universo
de flores en una primavera eterna,
aunque algunas veces el invierno te alcance.

Porque para mí el amor sigue siendo esa utopía
a la que mis miedos no logran llegar.
No tengo fuerzas para sentirme vulnerable;
aunque si cierro los ojos...
mis manos se llenan de tierra y de madera.

TUS MANOS

A Juan Clemente.

Tus manos están hechas de música y madera,
son ternura y equilibrio, ritmo acompasado
que recuerda al olor de la tierra mojada.

Tus manos riegan los campos de alegría,
son el repiqueteo de un tarde de lluvia,
abrazo de otoño al calor de la chimenea.

Tus manos alimentan el fuego y lo purifican,
son tacto de amapola, terreno fértil de sueños,
lugar para el descanso donde gana la utopía.

Tus manos emulan la caricia de la primavera,
son las primeras flores de marzo, reflejo
de atardeceres cálidos y luz tenue de luna creciente.

ATLÁNTICA

Soy como el tirabuzón que adorna mi nuca
cuando tengo el pelo bien alborotado.

Me entretengo
en cada sonrisa
de brujas
de duendes
de seres singulares
con o sin sombrero
pero
siempre
esa mirada.

Me roban el corazón y me quedo sin abrigo.

Cada noche me hago el amor
de mil y una formas, puedo:
mirarme al espejo
escribirme versos
leerme cuentos
tocarme dulce o locamente
reírme a carcajadas
o a horcajadas
llorar.

Y al despertar sigo soñando que me quiero.

Quizá algo distraída,
confusa algunas veces,
soy ésta que ves
nadie más que yo misma.
Y, al mismo tiempo,
árbol solitario
de raíces profundas
fruto de otoño
intenso y sagrado.

PALESTINA, SANGRE MÁRTIR

Palestina sangra de nuevo ante la impasible mirada de
[occidente,
y su sangre sabe a cosechas perdidas y avaricia.

Palestina tiene el corazón de una guerrillera herida,
luchadora incansable de las causas perdidas.

Palestina, no llores si no tienes tiempo de plañir por tus hijas,
víctimas innecesarias de esta cruenta batida.

Y Palestina sonríe, siempre sonríe,
aunque la muerte sea el *adhan* de cada día,
aunque desde el minarete la vida se vea
con los colores tristes del fuego y de la pólvora.

Palestina, Palestina,
te regalo mi llanto para que sea la cura de tus ilusiones,
te regalo mi piel que cubra las llagas de la tierra inerte,
te regalo mi voz para que grites y nos hagas partícipes del
[crimen,
te regalo mis pupilas para que no seamos capaces de apartar
[la vista.

Palestina, nuestros oídos sordos ya no soportan más el dolor
de verte tendida en la acera de tus asesinos,
no te mereces más este silencio abocado al vacío...

quien ahora no sienta por ti, ¡que calle para siempre!

RECITAL

A Isra Morales.

Me encanta pasear por tu mirada
mientras las palabras desnudas del poeta
bailan en tu boca.

Las recoges con la caricia suave
de quien hace el amor por última vez
antes de la despedida.

Primero las observas con paciencia
descubriendo todos los lugares visibles de su cuerpo.
Después, el tacto de tu pupila se adentra
en lo que era invisible a primera vista,
un recorrido intenso a través del alma,
quiero decir, de la mirada de cada palabra.

Y con el cariño del amante
las pronuncias,
reconocidas ya,
envolviendo cuerpo y alma con los besos de tus labios,
dejando que te toquen
con sus manos de pluma, queriéndote.

Forman parte de ya de ti, y os recreáis en cada rincón común
donde os amáis con una sed despierta,
y buscas la fuente donde el agua brota
y bebes.
Y las palabras contigo beben y se crecen.

Te apartas despacito,
para volver a cubrirlas con tu mirada
y retener en ella los lugares
donde tus labios aún parecen posarse.

Es entonces cuando entras en ellas
con un toque de impaciencia infantil,
y la curiosidad de tu lengua
explora los límites del verso,
en un infinito balanceo
que no agota los besos, ni las miradas, ni el tacto de los
                                            [cuerpos desnudos.

Y el silencio final se queda para siempre en la memoria,
esa suavidad con la que le haces el amor a las palabras,
como el amante que sabe que será
la última vez antes de una despedida,
y quiere soñar en la ausencia
el cuerpo desnudo de su compañera.

BURLANDO AL SISTEMA

La historia siempre nos cuenta algo,
nos dice, por ejemplo,
que las feministas no se limitaban a pedir el voto.

La historia habla de mujeres,
heroínas irredentas invisibles innombrables,
creadoras de mitos,
luchadoras incansables por la paz,
justicieras,
hermanas todas ellas.

La historia inadvertida del género humano,
subvertida,
la que burla al sistema
y se esconde entre las grietas de la memoria.

Mi verdadera historia.

Olympe de Gouges
me convirtió en ciudadana.

Sojourner Truth me salvó
¿acaso no soy yo una mujer?
del odio a la otredad inconsciente.

Elisa Leonida Zamfirescu me permitió
dedicarme a la ingeniería,
si ésa hubiera sido mi elección.

Emma Goldman fue
y gracias a ella: soy.

Y seguiría traspasando fronteras:
Guatemala, Bolivia, India,
Sáhara Occidental, Palestina,
Mozambique,
no importa dónde sople el viento,
allá en aquél lugar
habrá una mujer recordándonos
—recordándome—
que la historia siempre nos cuenta algo.

La historia es el fuego ancestral
de nuestras raíces,
es la vida misma y en vida se convierte,
burlando al sistema.

Nunca olvides
antes de ti
siempre fueron ellas.

PÉRDIDA DE UN POEMA

Yo suelo perder poemas.
Hoy perdí uno viendo cómo el humo de mi cigarro
se posaba sobre las cosas:
un abrigo, una fotografía, las sábanas desechas y vacías.
Estaba pensando en los quizás
y el humo iba dibujando formas en el aire.
Quizás el tiempo se hubiera parado unas horas antes.
Quizás haberte conocido.
Quizás una rama seca brotando de nuevo en verdes hojas.
Quizás este quizás pendiendo de un hilo.
Pero todos estos adverbios no significan nada,
tan solo una pluma cálida de la esperanza que juega a
                                    [evaporarse en el estío.
Son pasados sin futuro.
Folios en blanco arrancados del libro de una falsa memoria.
Quizás, quién sabe.